L'ARMÉNIE

SON HISTOIRE, SA LITTÉRATURE

SON ROLE EN ORIENT

DU MÊME AUTEUR

En préparation :

Harem, Djélaleddinn, etc., scènes de la vie des Arméniens de Turquie et de Perse, par Raffi, traduit de l'arménien, avec une étude. . . . . 1 vol.

Prières et Poèmes mystiques du moine Grégoire de Naregh, traduits de l'arménien, avec une étude, 1 vol.

Droits de traduction et de reproduction réservés pour tous pays, y compris la Suède et la Norvège.

ARCHAG TCHOBANIAN

L'ARMÉNIE
SON HISTOIRE, SA LITTÉRATURE

SON ROLE EN ORIENT

CONFÉRENCE

faite le 9 mars 1897 à la Salle de la Société de Géographie

SOUS LA PRÉSIDENCE DE

M. ANATOLE FRANCE

de l'Académie Française

PARIS

SOCIÉTÉ DV MERCVRE DE FRANCE

XV, RVE DE L'ÉCHAVDÉ-SAINT-GERMAIN, XV

M DCCC XCVII

IL A ÉTÉ TIRÉ :

Cinq exemplaires sur japon impérial et dix exemplaires sur hollande.

M. ANATOLE FRANCE :

Mesdames et Messieurs,

C'est un Arménien qui va vous entretenir de son pays. M. Archag Tchobanian, que nous entendrons tout à l'heure, s'est fait remarquer bien jeune encore dans la colonie arménienne de Constantinople par l'étendue et la vivacité de son esprit. Il s'était donné la tâche de répandre les idées françaises parmi ses compatriotes. Professeur d'histoire littéraire à la Grande École Nationale, rédacteur du journal Haïrénik, fondateur d'une revue d'art et de lettres, le Dsahig, il a traduit dans sa langue nationale un grand nombre de livres français

Il aime la France et la liberté. C'est un enfant fidèle de la famille arménienne. Enfin, il est poète et sait donner une voix aux pensées populaires.

Voilà les crimes pour lesquels il est proscrit aujourd'hui. Durant son exil en France, il révéla les massacres atroces et méthodiques dans lesquels périrent trois cent mille Arméniens par l'ordre du sultan, monstre de puissance et de faiblesse, despote fou d'épouvante. M. Tchobanian partage, avec le père Charmetant, l'honneur d'avoir dénoncé au peuple français cet épouvantable égorgement qui demeurait depuis de longs mois un secret diplomatique. M. Tchobanian, en effet, publia en juin 1896, à Paris, le recueil de lettres d'Arménie, simples et terribles récits qui, précédés d'une généreuse préface de M. Georges Clemenceau, ont soulevé d'horreur et d'indignation un public maintenu presque dans l'ignorance par son gouvernement et par la plupart de ses journaux.

Ces hommes de cœur ont mis les chrétiens d'Orient sous la sauvegarde du sentiment public de l'Europe.

Mesdames et Messieurs,

Monsieur Archag Tchobanian va nous faire connaître la littérature de cette contrée que nous ne connaissons guère que par ses malheurs. Il nous dévoilera la pensée arménienne à travers les âges, et nous fera entendre la voix tour à tour épique et plaintive d'un peuple qui depuis tant de siècles, veuf de sa patrie, persiste, endure, espère. Nous découvrirons que ces Arméniens sont vraiment un peuple par la communauté de la langue et des croyances religieuses, par la communion dans les mêmes souvenirs et dans les mêmes espérances, par la fraternité des sentiments, par la volonté forte et constante de vivre d'une même vie, de penser d'une même âme. Et nous reconnaîtrons que ce peuple, intelligent et héroïque, enclin à embrasser les idées les plus hautes du monde occidental, a droit par son génie autant que par ses malheurs à la sympathie des peuples d'où sont sorties les idées de justice et de liberté.

Mesdames, Messieurs,

Les malheurs extraordinaires qui depuis trois ans frappent le peuple arménien, l'ont relevé de l'oubli lourd où cette antique nation s'était effacée et lui ont donné un tragique renom. L'attention de l'Europe, attirée par l'énormité de la catastrophe, s'est penchée, dans un mouvement de compassion, vers cette lointaine parcelle d'humanité qui souffre les suprêmes souffrances. Tous les peuples d'Europe et du Nouveau-Monde se sont émus aux récits des événements qui ont ensanglanté l'Arménie ; des manifestations d'indignation contre les bourreaux, des réunions en faveur des victimes ont eu lieu dans tous les pays ; de grands orateurs laïques et religieux ont plaidé la cause de l'Arménie martyrisée et des écrivains illustres ont expliqué, en des pages éloquentes, les causes complexes de cette infâme tragédie. Je ne viens donc pas faire le récit des événements ni en présenter un commentaire politique.

Cette généreuse tâche a été déjà remplie dans ce pays par un grand nombre d'éminentes personnalités françaises, dont la voix est certainement bien plus autorisée et bien plus retentissante que la mienne. Après les publications du Père Charmetant, après les nombreux articles de Clemenceau, de Rochefort, de Drumont, de Séverine, de Bauër, de Bergerat et de tant d'autres, après les conférences documentées de MM. Anatole Leroy-Beaulieu, L. Marillier, P. Quillard et la magistrale étude de M. Albert Vandal, après les interpellations, à la Chambre, de MM. Denys Cochin, de Mun et Jaurès, et après l'admirable livre de V. Bérard, je n'ai plus à établir la réalité des faits ni dire combien l'Europe fut coupable d'encourager par son inertie un crime colossal. Je veux plutôt montrer la question sous un jour tout nouveau, en relever un côté qui pour moi est le plus important et qui jusqu'ici est resté dans l'ombre. Je veux parler, non de ce que souffre le peuple arménien, mais de ce qu'il est.

Et je crois qu'en Europe, et surtout en France, on connaît peu ce qu'est ce peuple. Et c'est parce qu'on le connaissait peu qu'on se laissa aller, les premiers temps, à des erreurs regrettables fabriquées pour dénaturer la question d'Arménie. Je ne veux pas vous rappeler les jours où il se trouva des journaux qui nièrent la réalité des massacres, qui proclamèrent que les Arméniens étaient des agitateurs, des criminels, qu'ils massacraient sans pitié ces pauvres braves Turcs, et qu'ils troublaient l'ordre, *l'ordre* de la Turquie !

Je me suis donc imposé la tâche, dans cette conférence, d'élucider la question arménienne par l'histoire de la pensée arménienne. Je veux dire quelle a été la vie intellectuelle de cette nation, et surtout comment sa littérature a influé sur ses destinées politiques. Car la littérature et les conditions d'existence d'un peuple sont si étroitement liées que l'étude de l'une entraîne celle des autres ; elles se commentent et elles se complètent ; et chez les Arméniens en particulier, la littérature fut, surtout dans ce siècle, le produit de la situation sociale du peuple, ainsi qu'un puissant agent moral influant sur son âme et sur sa destinée. C'est parce qu'ils ont eu une littérature et une histoire que les Arméniens se sont soulevés contre un régime de barbare tyrannie et qu'ils ont réclamé la justice pour pouvoir vivre, penser et agir.

Ceci est d'ailleurs important à faire remarquer pour montrer l'injuste erreur de ceux qui ont considéré la question arménienne comme une intrigue ourdie par telle puissance d'Europe. Cette explication des troubles d'Arménie est déshonorante pour les Arméniens. Ceux-ci n'avaient besoin pour se révolter d'aucune influence étrangère; ils y ont été poussés par les exemples accumulés dans leur histoire séculaire, par la voix de leur grands écrivains, et par les souffrances excessives elles-mêmes dont le gouvernement turc les accablait dès longtemps.

C'est par là, surtout par là, que les Arméniens auraient dû intéresser. Ils ont droit à la sympathie des peuples d'Europe, non pas seulement parce qu'ils sont chrétiens, non pas simplement parce qu'ils sont malheureux, mais parce qu'ils sont un élément de vie, de travail et de civilisation, parce qu'ils ont été celle des vieilles races d'Orient qui s'est le plus dirigée vers la pensée occidentale, parce qu'ils n'ont été malheureux que pour avoir voulu acquérir leurs droits d'homme, parce que, enfin, — et ce sont des Européens qui leur ont fait l'honneur de les appeler ainsi, — parce qu'ils ont été les Grecs de l'Asie-Mineure.

1

LES ARMÉNIENS DANS L'HISTOIRE

Les Arméniens sont un peuple d'une haute antiquité. De race aryenne, frères des Perses et des Grecs, ils ont eu de fréquents et profonds mélanges, dans leur longue et aventureuse existence, avec des races sémitiques et touraniennes, et leur langue, qui est de la famille indo-européenne, s'est considérablement enrichie d'éléments étrangers, de même que leur type physique présente une variété composite.

Le pays que les Arméniens ont eu pour patrie a souvent, selon les événements, élargi ou resserré ses limites. Il a eu le malheur de se trouver sur la route de toutes les invasions, et sa beauté, sa fertilité et sa richesse ont attiré la convoitise des races conquérantes de l'Asie. Et plusieurs fois l'Arménie a perdu son indépendance : elle a successivement subi la domination des Assyriens, des Mèdes, des Perses, des Séleucides, des Parthes, des Sassanides, des Arabes et de plusieurs autres peuples musulmans. L'histoire arménienne compte un grand nombre de pages sanglantes. Mais à travers une série ininterrompue de calamités, l'Arménien a toujours montré un grand esprit de résistance et une force de conservation indestructible. S'il a été quelquefois écrasé par des forces énormes et aveugles, il a souvent fait preuve d'un héroïsme désespéré, et souvent il a réacquis son indépendance par son courage et par son habileté. L'histoire d'Arménie est une série de résurrections après des anéantissements. La dynastie haïkane détruite par la force d'Alexandre le Grand, c'est la dynastie arsacide qui surgit après une période d'asservissement; lorsque cette glorieuse dynastie des Arsacides, pendant laquelle les Arméniens deviennent un moment, sous Tigrane le Grand, la plus puissante nation de l'Asie, tombe et s'écroule sous la pression persane, on voit se dresser la résistance de l'Arménie chrétienne, avec les Mamigonian, contre la toute-puissante Perse païenne ; puis, c'est la royauté bagratide sous la suzeraineté arabe, avec un grand mouvement littéraire, artistique et religieux ; enfin, à la suite de formidables catastrophes qui réduisent la race à un extrême affaissement, c'est la vaillante principauté des Rubiniens de la Cilicie arménienne, avec un commencement de civilisation arméno-latine, finissant avec des rois de sang français de la famille des Lusignan ; et récemment encore, ce même peuple, malgré une lourde servitude de cinq siècles sous un joug abrutissant, put trouver l'énergie morale nécessaire pour provoquer la grande secousse qui lui coûta cher, mais qui ébranla la Turquie et força l'Europe à trouver les moyens de rendre habitable un pays devenu antre de brigands.

De tout temps, la race a été d'un esprit indépendant et prompt à la révolte, malgré les puissantes dominations ; elle s'est montrée ouverte à tous les progrès, à toutes les idées hardies et libres ; elle a été une des premières parmi les races de l'Orient à se moderniser. Elle a été inassimilable pendant ses périodes de décadence, et bien au contraire, dans ses phases de grandeur, elle a réussi, naturellement, sans contrainte, par le seul fait de sa souplesse, à s'assimiler les races diverses qui étaient venues s'établir en Arménie ; les grandes colonies de Mèdes, de Perses, de Parthes, de Syriens, de Géorgiens et les Juifs eux-mêmes, si difficiles à s'assimiler et qui avaient en Arménie une colonie très considérable, se fondirent dans l'élément arménien ; les rois parthes de la famille arsacide qui vinrent, dès le IIe siècle avant J.-C. gouverner l'Arménie, devinrent arméniens ; la famille des Mamigonian, d'origine chinoise, produisit des héros d'un caractère arménien le plus tranché ; et les rois bagratides, dont quelques-uns furent des modèles de sagesse et de patriotisme, étaient des Juifs arménisés.

L'Arménien a été une race productrice ; il a fourni des industriels, des artisans, des agriculteurs, des ouvriers, et il a fait le grand commerce entre l'Orient et l'Occident. Il a eu l'esprit industrieux ; bien avant les Européens, il a inventé le passage sous-marin (il en existe un en Arménie, de construction très ancienne, creusé sous l'Euphrate), et à plusieurs endroits en Arménie, on trouve des forêts qui sont artificiellement plantées. Il a été artiste : des restes magnifiques de palais, d'églises, de couvents, de ponts, de souterrains, d'une architecture hardie et fantaisiste, font preuve de ses capacités esthétiques ; et toujours sa littérature a aspiré vers la pensée d'Occident, vers les formes neuves et libérées.

Des conditions politiques et géographiques abominablement défavorables ont empêché les Arméniens de développer entièrement leurs facultés intellectuelles. Et si dans ce pays d'une fertilité de nature fabuleuse, si abondante en mines de toutes sortes, si opulente en forêts, en sources, en pâturages, si riche en sites délicieux ou grandioses, en lacs, fleuves, vallées et monts, et si varié de climat, dans ce pays où se trouvent les plus belles, les plus fantasques des fleurs, les plus savoureux des fruits, où la légende a eu raison de placer l'Éden, et où la manne, dont parle la Bible, existe en réalité, si dans ce pays merveilleusement doué pour une large et riche civilisation, les Arméniens, doués eux-mêmes de qualités intellectuelles, n'ont pu produire la belle et grande œuvre humaine qui était possible, la faute est à la malheureuse position du pays et au fait d'un peuple industriel et chrétien entouré de races conquérantes, pillardes et païennes ou mahométanes. Toujours est-il que de toutes les races qui ont traversé ce pays et qui y ont dominé plus ou moins longtemps, c'est l'Arménien qui a laissé des traces de travail, de production, de civilisation. Surtout après la domination des Turcs en Arménie, de toutes les races existant dans le pays, c'est exclusivement l'Arménien qui a travaillé et produit. Un Turc, Khourchid Effendi, à écrit en 1862, dans une étude faite sur lieux d'une curieuse sincérité : « Ici à Van, ce sont les Arméniens qui ont en mains l'agriculture et tous les métiers ; les Turcs ne sont qu'épiciers, et ceux-là même sont très rares ; l'Arménien est un peuple travailleur, le mahométan au contraire. Les Turcs veulent vivre en maîtres, et ne font rien, passent leur temps dans les cafés et dans les auberges. » Ce que Khourchid a remarqué à Van est vrai pour toute la Turquie. Quant aux Kurdes, ils ont pour unique métier le brigandage.

Le milieu étant toujours défavorable dans sa patrie, l'Arménien a donné la mesure de ses forces plutôt dans des pays étrangers que dans son propre pays. L'Arménien constitua, pour ainsi dire, l'ossature de l'empire byzantin, il y fut l'élément de révolte, de réforme et de régénérescence, il y fournit des guerriers des plus valeureux, des métaphysiciens rénovateurs (le grand mouvement du manichéisme fut soulevé par des Arméniens), et plus de dix empereurs, dont quelques-uns sont de grandes figures. Et c'était un Arménien que Proeresios, le plus grand orateur du ive siècle, devant le génie duquel, selon le dire de son élève, le Grec Eunapius, l'orgueilleux Julien l'Apostat lui-même s'inclina et auquel Rome éleva une statue avec l'inscription : *Regina rerum Roma regi eloquentiæ*. Lorsque la Byzance grecque devint le Stamboul turc, l'Arménien, tout en se conservant chrétien, continua à constituer l'élément vital de la grande et bizarre capitale ; il eut en mains le commerce, les arts, les métiers, il fournit des administrateurs, des financiers, des hommes d'État, des artistes et des industriels. L'Égypte dut sa transformation administrative à un Arménien, Nubar Pacha. En Perse, en Pologne, en Hongrie, les Arméniens jouèrent et jouent encore un rôle très important dans le commerce, les arts et l'administration. En Russie, l'Arménien a produit des guerriers de premier ordre tels que Der-Ghougassov, Lazaref, Beboutof, Arghoutinsky, Madatoff, des hommes d'État comme Loris Mélikov, et des artistes comme Adamian que la critique russe proclama le plus grand tragédien de la Russie.

Ces grands hommes furent, chacun dans sa sphère, des champions de l'esprit moderne contre le sombre génie du despotique Orient. Ils traduisirent avec une éclatante intensité l'âme de la race, penchant, du fond de la vieille Asie, vers la jeune humanité d'Europe, et destinée à jouer le rôle d'intermédiaire entre les deux mondes. Les guerriers de l'empire byzantin défendirent l'idée grecque contre les forces de l'Islam ; les héros du Caucase combattirent, dans le Turc et le Persan, l'ennemi de la civilisation ; et Nubar Pacha libéra l'Égypte de l'horrible arbitraire oriental en donnant à ce pays un gouvernement fondé sur des principes européens d'une justice rigoureuse.

Mais si, dans leur propre patrie, les Arméniens n'ont pas pu se manifester dans toute l'ampleur de leurs forces intellectuelles, ils y ont donné de fréquents exemples de ténacité et de vaillance ; et la meilleure devise au front de l'histoire d'Arménie, ce serait le noble mot de Napoléon : « Honneur au courage malheureux ! »

Les Arméniens, individuellement, ont été souvent plus grands en pays étranger, mais dans leur pays ils ont été plus Arméniens, plus personnels, plus originaux, et ils y ont joué, en tant que peuple, un rôle tout particulier qui a son importance.

Au milieu des grandes races de l'Orient, qui ont affirmé leur personnalité en d'énormes conquêtes, mais qui, après leurs périodes de soudaine, excessive et courte grandeur, ont complètement disparu, ou ne laissent plus que des ruines obscures, les Arméniens eurent la tâche sourde, dure, autrement grande, de se conserver, avec une folle obstination, malgré les invasions gigantesques et les jougs écrasants. Les montagnes, les gorges, les cavernes, les îles au milieu des lacs, dont leur pays abonde, leur donnèrent refuge pendant les mauvais jours ; des traditions de fierté et de résistance les préservèrent de la déchéance finale; habitués à souffrir, rajeunis par la souffrance, ils subsistèrent, avec une vitalité toujours renaissante. Après les invasions les plus terribles, après les écrasements les plus profonds, on voit la race se redresser, affirmer son existence, reconstruire l'œuvre nationale. Et le pénible et séculaire effort de ce peuple, toujours tourné, d'âme et d'esprit, vers l'Occident, et présentant une incessante résistance à la marche des races d'Orient et de l'esprit asiatique, rendit à l'Europe un service trop méconnu aujourd'hui : il fut la digue contre laquelle le flot oriental, dans son élan vers l'Occident, vint, pendant des siècles, lasser sa rage. Vers la fin de l'ère païenne, l'Arménie combattit pour les Romains contre les Perses ; et dès le triomphe du christianisme, elle fut l'alliée des Byzantins contre les Arabes, elle aida les Croisés contre l'Islam. Et bien qu'elle ne fût jamais protégée par l'Europe dans ses jours de malheur, bien que par son attitude elle se soit attiré la haine et la fureur des peuples asiatiques, elle a toujours préféré garder le rôle ingrat et dur d'être l'avant-garde de la civilisation européenne en Asie.

II

LA LITTÉRATURE ANCIENNE DES ARMÉNIENS

Ce qui reste de la littérature des anciens Arméniens ne traduit la race qu'incomplètement.

C'est une littérature d'église. Elle n'a ni la variété et la perfection des lettres grecques, ni l'exubérante et voluptueuse magnificence de certaines littératures orientales. Elle est rigide et monotone.

Cette pauvreté, cette monotonie s'expliquent par plus d'une raison. D'abord, cette littérature est découronnée de sa partie la plus originale : la vieille poésie épique et païenne est perdue presque entièrement. La domination du christianisme a supprimé dans l'esprit du peuple les poèmes où les bardes arméniens avaient chanté les anciennes légendes mythologiques et héroïques. Selon la tradition, saint Grégoire l'Illuminateur, qui fit triompher le christianisme en Arménie, détruisit non seulement les temples païens, mais aussi les poésies qui célébraient les dieux et les héros du paganisme arménien. Les historiographes racontent que le peuple, malgré l'adoption définitive du christianisme, aimait encore, jusqu'à la fin du XIIe siècle, à chanter ces antiques épopées. Mais ils n'ont rapporté ce fait que pour en blâmer le peuple ; et ils ont négligé de conserver dans leurs écrits, au moins à titre de curiosité, ces restes précieux de la vieille pensée arménienne. Cependant, les fragments trop peu nombreux que ces chroniqueurs ont cités, sont déjà suffisants pour faire croire à l'existence dans l'Arménie païenne d'une poésie vibrante, lumineuse et fière. Ce n'est pas certes une poésie savante, à tendances philosophiques, à formes variées ; c'est une poésie populaire composée par des aèdes, chantée dans les festins royaux, aux cérémonies de grands enterrements et de grands mariages et dans les fêtes religieuses. C'est une poésie virile avec de puissantes images. Dans l'un des plus importants de ces fragments, nous trouvons un spécimen de poème mythique ; les vers disent la naissance miraculeuse du roi-dieu Vahakn, le dieu qui représentait la vaillance et le soleil :

En mal d'enfant étaient le ciel et la terre,
En mal d'enfant était la mer empourprée,
Le mal d'enfant saisissait dans la mer le petit roseau
De la tige du roseau de la fumée sortait,   [rouge ;
De la tige du roseau de la flamme sortait,
Et dans la flamme courait un adolescent,
    Courait un blond adolescent ;
    Il avait des cheveux de feu,
    Il avait une barbe de flamme,
    Et ses yeux étaient des soleils.

Un autre fragment, d'une grâce naïve et sauvage, nous trace une aventure galante du roi

Ardachès II qui enleva la fille du roi des Alains :

Le vaillant roi Ardachès monta sur le beau coursier
[noir,
Et tirant la lanière de cuir rouge garnie d'anneaux
[d'or,
Et traversant le fleuve comme un aigle aux ailes
[rapides,
Et lançant la lanière de cuir rouge garnie d'anneaux
[d'or,
Il en étreignit la ceinture de la demoiselle des Alains,
Et il meurtrit rudement la taille de la délicate demoi-
En l'entraînant avec hâte dans son camp.   [selle

Un troisième fragment donne la note mélancolique et humaine ; c'est le bon roi Ardachès qui vers la fin de sa vie songe nostalgiquement au radieux matin du jour de l'an que les anciens Arméniens fêtaient au commencement du printemps :

Qui m'eût donné la fumée des cheminées
    Et le matin de Navassart !
(Voir) courir les biches et les cerfs s'élancer !
Nous jouions du cor et nous battions des tambours.

Ces poésies auraient dû être très nombreuses. L'Arménien est lyrique de tempérament. Il a, de tout temps, profondément aimé la poésie, qui a constitué un élément essentiel de sa vie publique et privée. Le peuple a eu toujours ses chanteurs et ses pleureuses ; à la cour, les poètes étaient aimés et comblés d'honneurs ; les rois se plaisaient à être chantés par une voix impérissable ; il y eut même des fils de roi qui cultivèrent la poésie avec passion et avec talent ; le fils de Tigrane le Grand, Ardavazt Ier, celui qui fut emmené en captivité à Rome par Antoine, avait écrit en grec plusieurs tragédies qui étaient représentées avec un grand succès jusqu'au temps de Plutarque qui en parle ; et Vrouïr, fils du roi Ardachès II, a laissé dans l'histoire la renommée d'un Mécène et d'un excellent poète. Il y eut même parmi les rois chrétiens des protecteurs des belles-lettres comme Vramchabouh, et des princes amis de la poésie comme Sahag Pakradouni, Vahan Amadouni et Krikor Makistros, qui était lui-même un grand lettré et qui traduisit quelques œuvres de Platon. Les poèmes païens devaient être aussi variés que nombreux ; ils traçaient les mœurs du peuple, ils chantaient ses amours, ses deuils, ses gloires ; en des scènes dramatiques, en des chansons de danse, en des hymnes religieux, en des poèmes triomphants ou en des chants de lamentation, ils magnifiaient la vie des rois et des héros et ils racontaient la merveilleuse histoire des légendes nationales.

Et si les chroniqueurs chrétiens citent fort peu des vers de ces anciens poètes, ils rapportent quelques-unes des légendes et traditions qui avaient servi de thèmes à leurs poèmes. Mais ils les résument avec une négligence méprisante, ils les défigurent souvent, et ils ne font cette grâce à la poésie païenne que pour en tirer un croquis historique de la vie ancienne de l'Arménie. Moïse de Khorène lui-même, qui a le plus recueilli de ces fragments et de ces légendes, les énumère pêle-mêle, sans commentaire, sans développement. Et c'est vraiment regrettable, car avec le souffle poétique qui ne lui manquait pas, Moïse de Khorène pouvait, — et c'était le désir du prince Pakradouni qui lui avait commandé d'écrire l'histoire des anciens héros d'Arménie, — composer une sorte de *Chahnamé* arménien avec les traditions populaires, les légendes, les fragments de poèmes et les renseignements puisés dans les historiens étrangers.

La perte de cette ancienne poésie arménienne est d'autant plus regrettable qu'elle devait présenter un mélange curieux de l'esprit asiatique avec le génie de l'Occident. L'Arménie se trouvant entre l'Asie et l'Europe ayant subi la domination de toutes les grandes races antiques de l'Asie et l'influence de toutes ces diverses civilisations, en même temps ayant été de bonne heure mise en contact avec l'esprit hellénique, s'est assimilé plusieurs mythologies et plusieurs esthétiques. « Ces diverses régions montagneuses, mais merveilleusement situées, a écrit Emilio Castelar dans une étude sur l'Arménie, ont servi de nid à l'esprit poétique de la Grèce pour séduire la race sémitique; cachée au milieu de ces lacs transparents et de ces limpides ruisseaux, la sirène grecque entonnait ses chants pour séduire l'austère Sémite... Et comme le génie grec, en vertu d'une loi générale de l'histoire, devait s'insinuer dans les veines de l'Asie, pour lui restituer la vie qu'il avait reçue de l'Asie, ne pouvant pénétrer par les portes du temple de Salomon fermées à toute idée étrangère, il a répandu ses richesses à travers les défilés de l'Arménie, afin que les peuples asiatiques apaisassent leur ardente soif de l'infini dans le torrent même de leur vie, purifiée par le merveilleux génie hellénique. » Toutes ces races, toutes ces civilisations, tous ces mondes si divers, ont laissé leurs traces sur le sol fécond d'Arménie. Il en est sorti une fusion bizarre et originale.

Avec les fragments des vieilles légendes et les renseignements qui restent sur cette mythologie complexe, nous pouvons aujourd'hui reconstruire, jusqu'à un certain point, ce temple cosmopolite des mythes arméniens. Tous les dieux y ont figuré. On y rencontre les mystérieuses et massives divinités assyriennes, chaldéennes, phrygiennes et perses, avec les purs profils des dieux de Grèce et de Rome, autour des statues touchantes des divinités purement arméniennes. Ammon y coudoie Apollon, Pallas Athéné avoisine Tarata, Héphaistos se trouve avec Bel, Héraklès et Zeus fraternisent avec Barcham et Nabod ; et parmi cette réunion de divinités de toutes races, se détachent les quelques dieux arméniens, qui, formés avec des éléments divers provenant de l'étranger, portent tous le cachet personnel de l'esprit arménien ; ce sont des dieux qui n'ont ni la farouche barbarie, la gigantesque et sombre grandeur des dieux d'Asie, ni la voluptueuse et sereine beauté des dieux de Grèce ; ce sont des dieux travailleurs, sobres et bons : Aramazd, le père des dieux, le « sage », le « vaillant » ; Anahid, la maternelle Déesse, la Mère d'Or, la Déesse du travail et de la sobriété, la dispensatrice des richesses, la divinité la plus aimée et révérée par les Arméniens ; Astghig, la déesse de la beauté, et son héroïque amant, Vahakn, le dieu de la force, celui qui naquit de l'enfantement du ciel et de la terre, qui combattit les dragons et qui en apportant chez lui la paille qu'il avait volée dans la demeure céleste du dieu Barcham, en laissa tomber des tas par le ciel et forma la voie lactée ; le fils d'Aramazd, Mihr, le dieu du feu, de la lumière et celui qui donnait les sentiments bons, loyaux et affectueux ; Nanée, la déesse de la maternité, de la famille, la charmante et vaillante divinité qui symbolisait la femme arménienne ; Amanor, le dieu du jour de l'an et celui de l'hospitalité, et Santaramède, l'épouse d'Aramazd, la déesse des entrailles de la terre. Puis, ce sont les demi-dieux, les héros légendaires : Haïg, père de la race, tueur de Bel le Tyran ; Aram, qui vainquit le féroce roi Nioukar, le fit prisonnier et de sa main le cloua par le front au sommet de la tour d'Armavir ; Ara, qui aima mieux perdre son trône et sa vie que de devenir l'époux de l'impure Sémiramis ; Tigrane Ier, qui tua le tyran Ajdahag ; Ardachès Ier, le merveilleux conquérant, celui qui plia le monde entier sous son joug, et dont les soldats étaient si nombreux qu'en lançant des pierres dans une plaine ils formaient une montagne et qu'en décochant des flèches tous ensemble ils voilaient la lumière du soleil; Ardavazt, le fougueux dauphin, possédé par les démons, qui, maudit par son père, roula un jour, en chevauchant sur le mont Massis, dans un immense précipice et qui reste vivant au fond du gouffre, enchaîné aux rochers, attendant le jour où il sortira pour détruire le monde; enfin, le géant Dork, « cet homme au visage repoussant, comme le décrit Moïse de Khorène selon les aèdes, grand mais difforme, au nez aplati, à l'œil enfoncé, d'un aspect féroce, surnommé le Laid, doué d'une taille et d'une force de colosse », qui brisait des rochers dans ses mains, traçait des aigles avec ses ongles sur des pierres, et qui, un jour, Polyphème oriental, fit engloutir un grand nombre de vaisseaux dans la mer du Pont, en y lançant, du haut d'une colline, des rochers immenses qui soulevèrent une tempête.

Cet étrange alliage de pensées et de formes si différentes avait certainement donné naissance à une poésie riche et variée, où l'imagination exubérante et extravagante de l'Orient devait être adoucie par l'esprit harmonieux des Aryens d'occident. Les fragments de poèmes, écrits dans une forme concise et pure, en une langue noble, sans emphase, et largement symboliques, en sont déjà une preuve suffisante. Un témoignage bien plus important de cette vaste union des deux esprits se trouve dans les restes de l'architecture arménienne; le temps, le christianisme et les invasions barbares ont presque complètement détruit la vieille architecture de l'Arménie païenne, qui était si riche en palais et en temples magnifiques, selon le dire des historiens, et qui aurait dû être un mélange du style hellénique avec les styles assyriens et persans ; mais le même phénomène se rencontre dans les débris importants de l'architecture de l'Arménie chrétienne ; les églises d'Ani, plusieurs couvents et églises d'Arménie et certaines vieilles églises de Pologne construites par des architectes arméniens, font voir un style spécial qui est un mélange de l'architecture arabe avec l'architecture byzantine. Une preuve vivante de cette hypothèse, c'est la langue elle-même de la race, cet arménien ancien, riche, compliqué, somptueux, pouvant se prêter aux fantaisies les plus bizarres de la syntaxe et qui, en même temps, a la faculté de pouvoir s'assouplir jusqu'à la grâce limpide du grec et atteindre la claire ordonnance du français.

Le christianisme arrive et démolit cet antique et charmant musée. Il transforme le génie de la race, il lui donne une âme nouvelle. Des hommes d'église passent à la tête de la nation, la régissent, la dominent, lui enclosent l'âme et l'esprit dans un nouveau moule. Et l'Église accomplit d'autant plus facilement cette métamorphose que son entrée en Arménie s'accompagne d'un puissant et définitif mouvement de civilisation. La race avait eu jusque-là une vie plutôt instinctive ; elle avait combattu, elle avait rêvé, elle avait chanté sans aucune formule arrêtée, sans aucune loi fixe, en toute liberté. L'Église amena la culture, perfectionna l'alphabet arménien et commença la littérature écrite.

C'était au IV° siècle. L'Église chrétienne triomphait partout, et sa littérature régnait sur le monde. Les premiers apôtres arméniens du christianisme, qui furent en même temps les premiers initiateurs à la civilisation moderne, avaient fait leurs études à Byzance, à Rome, à Athènes ou à Alexandrie ; ils étaient nourris de la littérature de la Bible et des Pères de l'Église ; ils traduisirent en arménien les Saintes Écritures et les œuvres des Pères, et la littérature qu'ils produisirent eux-mêmes sentait l'Église.

Saint Grégoire l'Illuminateur avait laissé des sermons et des méditations ; Yeznig écrivit un livre pour réfuter les doctrines païennes des Grecs et des Persans ; David l'Invincible, qui s'occupa de la littérature et de la philosophie de la Grèce païenne, ne le fit que pour démontrer leur inanité devant la lumière de l'Évangile ; Agathange raconta la vie de l'Illuminateur et du premier roi chrétien Tiridate. Gorioune traça la vie de saint Sahag et de saint Mesrob, les deux illustres Pères de l'Église et de la littérature arméniennes. Faustus de Byzance raconta les luttes de l'Arménie avec les Sassanides de Perse, et traça la grande figure chrétienne du catholicos Nersès le Parthe, le fondateur d'écoles, de couvents et d'orphelinats, le magnanime patriote poète et orateur, à côté de celle d'Arsace II, le roi fantasque, encore païen et trop asiatique. D'autres composèrent des hymnes d'église, des prières et des hagiographies ; et ceux mêmes qui voulurent raconter les événements politiques du pays, chargèrent leur récit de dissertations religieuses ; au lieu d'être envisagés par une saine et impartiale critique, les faits historiques étaient commentés au point de vue de l'Église chrétienne. Tout était rattaché à Dieu, qui devenaît la grande préoccupation. Le peuple arménien considéra l'Église comme l'âme de la patrie, comme la personnification vivante de son individualité. Son esprit s'attrista dans cette ombre mystique, il y perdit l'indépendance intellectuelle; mais il y gagna une force autrement puissante, la force maladive de la foi, la force du martyre. Et, lorsque la dynastie arsacide croula et que l'Arménie perdit l'indépendance politique, le peuple se cramponna à l'Église. Il avait accepté le joug politique de la Perse, mais quand Hazguerd le Sassanide voulut le contraindre à accepter la religion mazdéiste, il se révolta ; et ce fut cette admirable épopée chrétienne que la nation vécut pendant un quart de siècle. Écrasée, dominée, ayant si peu de force, l'Arménie eut le courage de résister désespérément à la formidable puissance des armées persanes. Vartan Mamigonian et ~~ses mille trente-six~~ compagnons d'armes allèrent défendre l'Église nationale contre les Persans ; ils succombèrent devant le nombre considérable de leurs ennemis ; mais leur sang sauva l'Église ; l'exemple des premiers martyrs se répandit dans le peuple tout entier ; une lutte sourde, obstinée, se poursuivit ; la Perse, lasse de persécutions, se décida à laisser les Arméniens adorer leur Dieu. Ce fut là une victoire morale remportée par le faible contre le fort ; les Arméniens le comprirent et considérèrent la résistance des Vartaniens comme la plus belle page de leur histoire. Le combat sacré devint la grande tradition nationale. L'historien Élisée, contemporain et témoin, raconta cette lutte dans un livre qui immortalisa la figure du héros-martyr.

Dès lors, l'Église, la nation et la littérature se relièrent d'une façon encore plus étroite ; elles devinrent une. La nation trouva dans l'Église une consolation à ses peines, un soutien et un refuge où sa personnalité pouvait s'abriter et se préserver de toute assimilation aux races puissantes qui la dominaient tour à tour. La littérature qui avait préparé cette union de l'Église et de la race, en devint désormais l'expression exaltée et stimulante. Elle resta toujours aux mains d'hommes d'église et se composa continuellement de poésies mystiques, de méditations théologiques et de chroniques à tendance religieuse.

A l'influence déprimante de l'Église s'ajoutait une autre cause, bien plus puissante, d'arrêt intellectuel : c'était l'écartèlement continuel de la nation par les races conquérantes qui vinrent successivement ravager l'Arménie. Elle fut une voie ouverte à toutes les invasions, elle connut les pires tortures, les jougs les plus lourds. Les épreuves étaient dures ; la destinée de la nation oscillait à chaque instant entre la vie et la mort. La littérature ne fut plus qu'une continuelle psalmodie. La seule nouveauté consistait en ce que la partie historique, au lieu de relater des faits glorieux et de chanter les rois vaillants de jadis, devenait de plus en plus une longue lamentation sur la misère de la mère-patrie crucifiée, traçait les tragiques tableaux de massacres et de pillages, ou glorifiait le souvenir des héros ayant versé leur sang pour l'Église nationale. Les préoccupations politiques primant tout, les moyens d'instruction et le temps des longues études manquant, les écrivains perdirent la pureté de la langue, la noblesse de style qui avaient caractérisé les auteurs du ve siècle ; et après une seconde floraison au xe siècle, sous les rois bagratides, et une troisième renaissance en Cilicie au xiie siècle, sous les rois rubiniens, la langue se corrompit définitivement, la littérature tomba dans un pathos informe, et la vie politique ayant radicalement cessé avec la chute de la royauté arménienne de Cilicie, la grande mort intellectuelle commença, qui devait durer jusqu'au grand réveil de ce siècle.

A l'envisager dans son ensemble, cette littérature chrétienne de l'Arménie, malgré sa monotonie, malgré le fréquent manque d'art, présente un intérêt tout particulier et une certaine beauté sombre et originale. Elle est d'une grande et solide unité d'esprit; elle repose sur une conviction puissante, et elle est l'expression de la douleur d'un peuple qui a souffert comme peut-être aucun peuple n'a souffert, et, à ce point de vue, elle devient imposante de tristesse, grandiose dans ses loques sanglantes.

Elle est simple, elle est chaste, elle est grave. Elle est dépourvue de tous les ornements mondains, de toutes les séductions de la fable, de toutes les coquetteries de l'art. Elle est toute nue dans sa chape d'or tachée de sang. Unité de forme avec unité d'esprit. Ni roman, ni épopée, ni drame. Elle est un hymne. Son épopée, c'est l'histoire des luttes saintes, la vie des saints et des Pères, le récit des grands martyres; son roman, c'est la Bible; et pour drame elle n'a que les grandioses cérémonies de l'Église. Les voyageurs européens qui ont eu l'occasion d'assister à ces cérémonies ont été frappés de leur caractère imposant et de leur grandeur tragique. L'abbé Villefroy, un des premiers écrivains européens qui se soient occupés de l'Arménie chrétienne, écrivait dès le commencement du siècle dernier : « On ne peut rien voir de plus éloquent et de plus touchant que les prières, ni de plus auguste que les cérémonies arméniennes. » L'Arménien qui n'a jamais eu un théâtre original, révèle un profond sentiment dramatique dans les cérémonies religieuses. Elles font penser au théâtre antique de la Grèce. La messe est toute une tragédie. L'officiant, tête nue, pieds déchaussés, bras étendus, recouvert de la chape chatoyante, debout devant l'autel illuminé de cierges, d'ors et de fleurs, représente, aux yeux de la foule agenouillée, l'aspiration de l'humanité souffrante vers la source de justice et de beauté. Le drame varie selon les jours; le jeudi-saint, l'église se revêt tout en blanc, et le vendredi-saint elle s'endeuille de son immense rideau noir qui masque l'autel. La nuit du jeudi-saint, l'église éteint toutes ses lumières pour entonner, dans les ténèbres, le *Miserere* des suprêmes lamentations ; le soir du dimanche des Rameaux, l'Église représente le symbole du Jugement dernier : l'évêque implore, à genoux, devant le rideau fermé, la grâce d'être admis dans le Paradis. Et parfois, des restes du vieux paganisme enguirlandent la simplicité de ce morne drame chrétien ; le jour de la Transfiguration, pendant la grande procession, on éparpille des roses sur le peuple et on fait envoler des colombes, selon l'antique coutume de la fête d'Anahid ; et la veille de la fête de la Présentation, on allume un bûcher dans la cour de l'église, en souvenir des fêtes de Mihr.

Puis, toute restreinte qu'elle soit, cette littérature d'église s'est élevée parfois aux plus hautes inspirations. Le christianisme parvint à dépaganiser la pensée de la race, mais non pas à lui enlever son âme lyrique et enthousiaste. Ce ne fut qu'un changement de cadre. Le vieil aède continua à vibrer dans le poète des hymnes d'église. Il resta non seulement quelque chose de l'enthousiasme du poète païen, mais aussi de la joie lumineuse, de la sérénité ensoleillée des poèmes mythiques ; et des éclats d'un lyrisme de flamme illuminent la ténèbre mystique de cette poésie chrétienne. Les mots *soleil*, *lumière*, *rayon*, tous ces motifs de l'ancienne poésie solaire, se reflètent souvent dans cette poésie religieuse, servent à auréoler la figure du Dieu chrétien. « Lumière ! chante l'un de ces poètes d'église dans une strophe éblouissante, presque païenne, malgré des intentions théologiques, Lumière ! créateur de la lumière ! Lumière première ! demeurant en l'inaccessible lumière, ô Père céleste ! béni par les chœurs des lumineux ! à cette heure où se lève la lumière du matin, fais poindre dans nos âmes ta lumière spirituelle. » Et voici un canon de la fête de la Transfiguration qui monte, en flammes claires, comme un hymne védique : « Splendeur de la gloire du Père, Fils unique, qui as enfermé en ton humanité la lumière incompréhensible, tu l'as fait aujourd'hui glorieusement briller sur le mont Thabor... O feu de la divinité, inaccessible aux créatures angéliques, tu as abaissé jusqu'aux créatures terrestres ta lumière éclatante comme le soleil. » Et ces images rayonnantes, ces mots de joie et de lumière contrastent d'une façon étrange avec l'ensemble morne de cette liturgie, où domine la lamentation, et dans laquelle tiennent une place considérable les hymnes pour les martyrs, les prières pour les prisonniers, les supplications pour la délivrance avec les *miserere* et les hymnes funèbres.

Quelques figures se détachent dans la grisaille générale de cette littérature, imposent une attention particulière par leur puissance lyrique et l'originalité de leur tempérament. Ce sont les écrivains qui, par des éclats de génie, ont manifesté la force latente de la race.

Le premier nom qui se présente est celui de Moïse de Khorène. Mauvais historien, écrivain inégal, il est toutefois un véritable poète. Il est devenu une espèce d'Homère pour le peuple arménien ; bien que trop incomplètement, il a été le seul à parler des anciens héros, et le peuple l'a surnommé « Père des Poètes ». Le style est parfois lourd, le récit est souvent bâclé ; mais cet homme a fait ses études en Grèce, il a lu l'*Iliade*, et il aime les héros, il adore la vaillance ; et c'est pourquoi, malgré le fanatisme chrétien qui ne lui manquait pas, il a célébré avec un enthousiasme ardent les anciens rois auxquels il semble pardonner leur paganisme puisqu'ils furent braves et forts. Il a exalté la vaillance, il a chanté la force, et dans les passages où il parle des héros ou d'un grand combat, le poète se découvre en lui ; il s'élargit, il s'échauffe, il flamboie. « Qui donc, s'écrie-il en traçant, d'après les vieux poèmes, le portrait du roi Tigrane Ier, qui donc parmi les braves et les admirateurs de la vaillance et de la vertu, ne se réjouira au souvenir de Tigrane et ne désirera devenir un homme comme lui ? Chef de braves et modèle de bravoure, il éleva notre nation ; il rendit ceux qui étaient courbés sous le joug capables de subjuguer et de rendre tributaires plusieurs peuples; il enrichit le pays de monceaux d'or, d'argent et de pierres précieuses, de vêtements en toute forme et de toutes couleurs pour les hommes et pour les femmes, si bien que les plus laids paraissaient attrayants, comme ceux qui avaient la beauté furent, selon l'esprit du temps, déifiés. Les fantassins montèrent sur des chevaux, les frondeurs devinrent d'habiles tireurs, les hommes qui n'étaient armés que de pieux manièrent le glaive et la lance, les gens nus d'armes se recouvrirent de boucliers et d'armures de fer ; la vue seule de tous ces guerriers assemblés et l'éclat flamboyant de leurs armures et de leurs armes suffisait pour dérouter l'ennemi. Il inaugura la paix et embellit le pays, il l'engraissa avec de l'huile et du miel. Tels sont, avec beaucoup d'autres encore, les bienfaits dont notre pays fut comblé par ce blond et bouclé Tigrane, fils d'Yérouand, au visage fortement coloré, au regard de miel, puissamment bâti, à la large carrure, aux cuisses vigoureuses, aux pieds élégants, sobre dans le boire et dans le manger, réglé dans ses plaisirs. »

Et ce sont des pages de véritables épopées, celles où Moïse de Khorène chante la révolte de Haïg, le premier patriarche arménien, contre le tyran Bel, et le combat titanique où Haïg « le héros robuste, à la noble tournure, à la chevelure bouclée, aux yeux vivaces et aux bras vigoureux, brave et renommé entre les géants... », « s'élance, s'approche de Bel, bande fortement son arc à la large courbure, lance une flèche trois fois ailée, qui va s'enfoncer dans la vaste poitrine de Bel, et le trait le traversant de part en part, sort par le dos, retombe par terre, et le titan gonflé d'orgueil s'écroule sur le sol et expire » ; ou bien la page où il montre le roi Tiridate dans la grande bataille contre les Alaïns : « Pendant que les deux armées s'entremêlent, Tiridate déchire la masse des ennemis et s'avance comme un géant. Je ne saurais dire l'agilité de son bras et comment des hommes innombrables, blessés par lui, se tordaient et se débattaient par terre et bondissaient comme des poissons amenés par l'habile pêcheur et jetés hors du filet sur le sol. A cette vue, le roi des Passils s'élance vers Tiridate et tirant de dessous l'armure de son cheval une lanière faite de nerfs, il la lance violemment par derrière du roi et la lui passe adroitement de l'épaule gauche jusqu'à l'aisselle droite, car Tiridate avait le bras levé pour frapper quelqu'un par le glaive. Il était, d'ailleurs, revêtu d'une armure que les traits ne pouvaient entamer. Le roi des Passils ne pouvant ébranler le géant avec sa main, s'attaqua à la poitrine du cheval, mais Tiridate, plutôt que de se presser de piquer sa monture, saisit la lanière avec sa main gauche, s'en dégage d'un mouvement violent, tire à lui son ennemi et lui assène avec son glaive à deux tranchants un coup d'une telle justesse et d'une telle force qu'il le fend en deux par le milieu du corps et qu'il abat en même temps la tête du cheval ».

Cet amour de la vaillance se renforce chez Moïse de Khorène, d'une tendresse touchante pour son pays, il l'aime et il l'admire : « Je te pleure, terre d'Arménie, s'écrie-t-il au début de sa fameuse apostrophe, ô toi la plus noble de toutes les contrées du nord (de l'Asie) »; et son style s'illumine encore lorsqu'il en chante la richesse, la variété et la beauté des sites, la fierté des monts, la fraîcheur des vallées ; la page où il chante la féerique douceur de la région de Van que la reine Sémiramis choisit comme ville d'été, se déroule avec la magnifique opulence d'une plaine verdoyante en plein soleil d'Orient : « Après sa victoire, Sémiramis, s'arrêtant quelques jours dans la plaine qui s'appelle Ararat du nom du roi Ara, se dirige vers le sud de ce pays montagneux. C'était dans la saison d'été, et elle voulait se réjouir dans les vallons et les champs en fleur ; et voyant la beauté du pays, la pureté de l'air, le jaillissement limpide des sources et le murmure des fleuves à la marche élégante : « Il nous faut, dit-elle, dans un pays où le climat est si tempéré et l'eau si pure, fonder une ville et une demeure royale pour passer l'été en Arménie, au milieu de toutes les délices. »

Enfin, cet écrivain, à l'âme de barde, eut aussi le courage de flageller, en une page remarquable, la lâcheté, les vices, les défauts de ses contemporains ; il montra, après les fiertés et les vaillances de jadis, la décadence, la pourriture de son temps, qui d'ailleurs amenèrent la chute de la dynastie des Arsacides d'Arménie. Et dans la galerie de nos auteurs anciens, la figure de Moïse de Khorène se présente sous ce double aspect d'enthousiasme exalté pour la vaillance du passé et de plaintes amères pour la déchéance du présent. Et c'est pourquoi, ce livre, malgré des erreurs, des lacunes et des défauts, est le plus complet, le plus sain et le plus réconfortant des livres de la littérature arménienne ancienne.

Deux autres noms, dignes d'être remarqués parmi ces auteurs, sont ceux de Lazare de Pharbe et d'Élisée. Ces deux historiens diffèrent de Moïse de Khorène en ce qu'ils sont exclusivement chrétiens. Tous les deux ont chanté les combats religieux des Arméniens contre la Perse et contre sa volonté d'introduire le mazdéisme en Arménie. Leurs deux livres sont deux pages d'épopée chrétienne. Lazare de Pharbe est un écrivain correct, élégant, d'un style calme, mais d'une noblesse soutenue. Il a tracé d'une plume alerte et précise la fière silhouette du héros Vartan Mamigonian, de cet homme de courage, de vaillance et de ruse, qui, pendant une vingtaine d'années, résista avec des forces si peu grandes à l'énorme pression assimilatrice de la

Perse. Élisée, plus poète, écrivit le livre le plus inspiré de notre littérature chrétienne. Il raconta la résistance héroïque de l'Arménie contre la Perse mazdéiste, et il exalta la figure de Vartan Mamigonian. Le livre d'Élisée est divisé en huit chants; le récit est détaillé avec ordre et exécuté avec grâce et clarté. C'est un poème; c'est même peut-être le plus complet, le plus sincère, le plus pur des poèmes chrétiens : il est simple, sans surcharge d'ornements païens, sans aucune complaisance de tableaux attrayants ni d'épisodes amusants, comme dans le roman du Tasse. Mais il déborde d'esprit chrétien, et il dépeint l'âme d'un peuple qui s'était revêtu de cet esprit comme d'une armure ; et le style, clair, gracieux, nourri, empreint d'une noblesse un peu gauche, mais pure, prend une solidité d'acier dans les passages où il raconte les suprêmes efforts, les gestes de grande abnégation : Élisée a été le poète d'une autre vaillance, de celle qui a consisté à accepter toute souffrance et jusqu'au sacrifice de la vie pour la face sanglante du Christ. Il a décrit, de main de maître, le tableau psychologique de l'Arménie s'enfonçant dans une vie mystique sous la pression païenne de la Perse : « Dès lors, écrit-il dans une de ses meilleures pages, le maître ne se montrait plus supérieur au serviteur, ni le noble habitué à une vie d'aisance au paysan habitué à la vie dure, l'un ne faiblissant pas plus que l'autre dans sa constance. Tous n'avaient plus qu'un cœur, hommes, femmes, vieillards et enfants, tous unis en le Christ, tous s'enrôlèrent dans la même armée et revêtirent la même cuirasse de la foi et de l'enseignement du Christ, et femmes et enfants se ceignirent de la même ceinture de vérité. L'or était méprisé, et personne ne prenait d'argent pour son usage, non point par avarice, mais par dédain. Et ils abandonnaient les vêtements précieux qui étaient une marque d'honneur, les biens paraissaient aux yeux de leurs possesseurs comme choses sans valeur. Ils se voyaient comme des cadavres; et de leurs mains ils creusaient déjà leurs tombeaux et leur vie leur paraissait une mort, et ils croyaient que leur mort serait la vie véritable. »

Après cette grandiose exposition où l'âme exaltée d'un peuple se montre dans son âpre préparation au martyre, le poète passe au récit détaillé du saint combat. Et nous voyons alors, avec les épisodes touchants ou sublimes, les profils des types essentiels de cette épopée mystique, gravement, religieusement et noblement tracés. Autour de ce grand enfant exalté qu'est Vartan, et dont la tête farouche, surmontée du gros casque à l'immense crinière, domine le récit, se groupent les diverses variétés du croisé arménien, tous ces seigneurs d'Arménie qui allèrent mourir pour l'Église nationale; parmi ceux-ci se distingue l'admirable guerrier-prêtre Ghévonth, tenant d'une main l'épée et de l'autre la croix, exhortant les compagnons à marcher à la mort, bénissant les corps de ceux qui moururent en le Christ, et puis souffrant avec une vaillante résignation, les affreuses tortures que lui infligèrent les bourreaux persans, sans se décider à renier la foi. Une des figures les plus vigoureusement tracées du livre, celle qui fait le contraste avec Vartan, c'est la sombre figure du traître Vassag, celui qui renia sa foi, alla passer dans l'armée persane et vint combattre contre sa religion et contre sa patrie. Élisée l'a peint avec une encre de haine; et je connais peu de pages aussi intenses que celles où le conteur chrétien décrit la mort terrible du traître disgracié et jeté en prison par les maîtres eux-mêmes dont il s'était fait l'esclave : « L'apostat Vassag, prisonnier lui-même, voyait les saints prisonniers qui, unis d'âme, acceptaient les souffrances avec une grande allégresse, et paraissaient joyeux et rayonnants comme autrefois dans la cour royale. Il les regardait et il les enviait. Mais personne ne voulut l'accueillir dans ce groupe, et on le gardait séparément dans la même prison. Chaque jour on le transportait dans la grande place du tribunal et on le jetait comme une charogne. Tout le monde se moquait de lui, l'insultait, et il était devenu un spectacle pour les passants. On le dépouilla de tous ses biens ; on le réduisit à un tel point de misère, que ses serviteurs mendiaient du pain pour lui en apporter. Frappé ainsi de tous côtés et plongé dans l'avilissement, il fut en proie dans sa prison à d'affreuses maladies, ses entrailles s'enflammèrent, ses viscères se décomposèrent, son corps gonflé de graisse se dessécha, s'affaissa ; des vers pullulèrent dans ses yeux et coulèrent par les narines, ses oreilles se bouchèrent et ses lèvres se fendirent horriblement ; les nerfs de ses bras s'amollirent et ses talons se recourbèrent en arrière ; une odeur de mort s'exhala de lui, et ses serviteurs fidèles le fuirent. Sa langue seule restait vivante dans sa bouche, mais ses lèvres ne proférèrent pas le repentir. Il goûta la mort en suffoquant et il descendit aux enfers dans d'intolérables tortures. »

Mais le passage le plus touchant du livre d'Élisée, c'est le fragment sur les femmes arméniennes. L'Arménienne s'est toujours montrée d'un dévouement, d'un esprit de sacrifice et d'une vaillance admirables; on la voit plusieurs fois tout le long de l'histoire d'Arménie donner des preuves d'un courage sublime; pendant le siège d'Ani, au XIIe siècle, un chroniqueur du temps raconte avoir vu une Arménienne se dresser sur les remparts, encourager les combattants en lançant des pierres sur les ennemis et en leur rejetant les flèches qu'elle recevait et qu'elle arrachait dans sa chair. Lorsqu'au XIVe siècle, Tamerlan vint mettre l'Arménie à feu et à sang, une Arménienne du nom de Garinée aima mieux se précipiter dans un gouffre que de devenir captive aux mains du tyran; même pendant les derniers massacres, la femme arménienne se montra digne de ses ancêtres héroïques : à Sassoun, Chaké avec une cinquantaine d'amies se jeta dans le précipice rocheux; à Palou, trente Arméniennes, poursuivies par les Turcs, se lancèrent dans l'Euphrate en chantant des cantiques; et à Constantinople des jeunes filles, pen-

dant la manifestation de l'an dernier, jetèrent
des bombes des fenêtres de leurs maisons sur les
massacreurs amassés dans la rue. Mais l'Arménienne n'a jamais trouvé un peintre aussi complet et aussi ému qu'Élisée dans cette page
remarquable ; elle y apparaît avec tous ses
traits, tendresse pour le foyer, amour effréné de
la religion nationale et du sol natal, puissance de
sacrifice, sentiment de fraternité et d'égalité dans
la misère commune. Élisée chante le deuil
épique des femmes d'Arménie dont les époux
étaient morts dans le combat religieux ou que
l'ennemi avait emmenés enterrer dans les prisons de la Perse : « Les dames délicates d'Arménie, qui étaient habituées à leurs litières et à
leurs tendres coussins, se rendaient maintenant
à pied et sans chaussures dans les maisons de
prière. Elles priaient sans se lasser et faisaient des vœux afin de pouvoir supporter
cette grande tribulation. Elles qui dès l'enfance
avaient été nourries avec des cervelles de veau
et avec des mets assaisonnés de gibier vivaient
d'herbes comme des sauvages, et elles recevaient
cette nourriture avec allégresse, ne se souvenant
plus de la bonne chère de jadis. Leur peau devint brune, car le jour elles étaient brûlées par

le soleil, et la nuit elles couchaient sur la terre. Leurs bouches murmuraient sans cesse des psaumes, et elles trouvaient une parfaite consolation dans la lecture des prophètes ; elles s'unirent ensemble deux à deux, également et volontairement attelées au même joug, dirigeant leur sillon vers le paradis, pour arriver sans se tromper au port de la paix... De beaucoup d'hivers se fondirent les glaces, le printemps revint et vinrent les nouvelles hirondelles ; les hommes attachés à la vie le virent et s'en réjouirent ; mais elles ne purent jamais revoir leurs bien-aimés. Les fleurs printanières leur rappelèrent leurs tendres époux, et leurs yeux désirèrent voir la douce beauté de leur visage. Les agiles lévriers disparurent, et les excursions des chasseurs furent oubliées. Le souvenir des bien-aimés fut conservé sur des inscriptions et nulle fête annuelle ne les ramena de la terre lointaine. Elles regardèrent leurs places à la table, et elles pleurèrent ! Et dans toutes les assemblées, elles se souvinrent de leurs noms. »

Au XIIe siècle, pendant la courte éclaircie où le peuple arménien put jouir un instant en Cilicie d'une courte période de paix et de prospérité, deux âmes, pures, et très douces, se révèlent dans l'ombre des couvents, et chantent la chanson divine avec une délicieuse suavité. C'étaient l'évêque Nersès de Lambron et le catholicos Nersès Chnorhali. Le premier, esprit noble, raffiné par de savantes études littéraires et théologiques, grand connaisseur de la langue et de la littérature latines, écrivit des méditations religieuses empreintes d'un calme mysticisme et des sermons composés avec une vaste érudition et d'une forme nombreuse, ondoyant en volutes d'encens. L'autre, Nersès, surnommé le Gracieux, fut un des plus grands poètes de l'église arménienne; nature abondante, harmonieuse et douce, cet homme, qui a mené la vie d'un saint et d'un inspiré, a produit une œuvre considérable, sermons, commentaires, l'Évangile versifié, un poème sur la prise d'Édesse ; mais il s'est surtout manifesté dans ses hymnes, qui sont des meilleurs de notre église. C'est une poésie fluide, douce, presque immatérielle, illuminée d'un chaste ensoleillement spirituel, coulant avec l'abondance et la pureté d'une source des bois. On raconte qu'il a écrit quelques-uns de ces poèmes pendant des nuits d'insomnie extatique, où, après des heures de méditation solitaire, il improvisait, haletant d'émotion mystique, créant la musique et les mots tout ensemble ; une douceur mélancolique enveloppe ces pensées des heures noires, comme dans le nocturne suivant :

« Rappelons-nous dans la nuit ton nom, ô Seigneur !
Que nos cœurs épanchent la bonne parole
Et que nos langues racontent tes œuvres, Roi céleste !
Levons-nous dans la nuit pour te prier, Seigneur !
Nous te donnerons nos prières, Seigneur, dans les ves-
    [tibules de ta nouvelle Jérusalem ;
Dans la nuit élevons nos bras en toute sainteté vers toi,
    [Seigneur !
Avec des voix de louanges, que toutes les âmes bénis-
    [sent le Seigneur !

D'autres, parmi ces poèmes, sont composés par les matins fleuris de joie, et ce sont alors des envolées rayonnantes de mystiques tendresses. Voici quelques strophes du plus suave de ces poèmes d'aurore :

Matin de lumière, soleil de justice, que ta lumière se
    [lève en moi !
Réveille-toi, Seigneur, pour nous assister ; réveille-
    [moi qui suis assoupi ;
Fais que je devienne semblable aux anges.
Deviens la vie pour moi qui suis mort, la lumière pour
    [moi qui suis obscurci ; endors ma douleur !
Je te prie avec ma voix ; je te supplie avec mes mains ;
    [accorde-moi le don de tes bontés.

Donne l'eau à mes yeux, pour que je pleure à chaudes
[larmes, et que j'efface mes péchés.
Jésus au nom d'amour, amollis avec ton amour mon
[cœur de pierre.
Verse, Seigneur, dans mon âme, la rosée de ton sang,
[et mon âme se réjouira.

Cette œuvre poétique est très variée ; il y a là des carillonnements joyeux et des glas de mort; des alléluias irradiant d'allégresse et des lamentations alourdies de douleur ; il y a là surtout des hymnes funèbres d'une profonde intensité de tristesse. Et tout cela est empreint d'une grâce toute spirituelle, composé dans une langue élégante et claire, chantant dans des vers rimés d'une cadence légère.

Mais le poète qui s'éleva plus haut que tous, celui dont la voix, étrange de profondeur et d'une force presque sauvage, domina ces harmonies mélancoliques, c'est le moine Grégoire de Naregh. Il sortit du cadre ordinaire de la littérature nationale; il fut un poète pur. Dans cette galerie d'écrivains aussi patriotes que religieux et qui, tout en chantant la louange de Dieu, se sont toujours occupés des événements de leur pays, il est le seul qui se présente sous un masque exclusif de poète monacal. Enfoui dans son couvent de

Naregh, il a vécu dans la contemplation, dans la prière et dans l'enfantement de ses poèmes et de ses méditations. Imagination d'une richesse et d'une extravagance tout orientales, sensibilité affinée jusqu'à la morbidité par le long martyre psychique d'un douloureux mysticisme, cet homme traduisit dans une prose rythmique et dans un style d'un raffinement compliqué, les peurs, les repentirs, les hallucinations, les lamentations et les extases de la vie ascétique. « Reçois, clame-t-il dans sa fameuse *Prière puissante contre les Horreurs de la nuit*, reçois avec douceur, Seigneur Dieu puissant, la prière d'une âme désolée ; approche avec pitié de moi qui ai le visage recueilli ; dissipe, Toi qui accordes tout, ma honteuse tristesse ; ôte-moi, Miséricordieux, cette pesanteur intolérable ; éloigne de moi, Toi qui peux tout, cette mortelle tentation ; détruis, Toujours Victorieux, les sollicitations du Trompeur ; disperse, Toi qui demeures en haut, le brouillard du Furieux... Inscris ton nom divin à la lucarne de mon toit ; étends ta main protectrice au plafond de ma cellule ; purifie de tout piège la couverture de mon lit ; fortifie par ta volonté mon âme qui peine... Donne-moi le repos joyeux du sommeil semblable à la mort, dans la profondeur de cette nuit... Ferme les fenêtres de mes sens pour qu'elles ne soient pas ébranlées et qu'elles demeurent, par le souvenir de ton espoir, intactes des troubles flottants, des soucis du monde et des chimères fantastiques. »

Grégoire de Naregh a créé tout un monde d'expressions pour dire la grandeur de Dieu, la douceur de la Vierge, l'horreur du multiforme péché et l'épouvante des châtiments éternels. Dans l'une de ses âpres pages, il résume lui-même son œuvre par l'accumulation suivante des motifs qu'il a développés dans la longue série de ses prières : « Et maintenant, moi, l'ancien des impies, le chef des pécheurs, le principal des iniques, le premier des coupables, l'image des criminels, voici que j'ai parlé de ce que j'ai d'indicible, j'ai dévoilé les honteux, j'ai déclaré les secrets, j'ai découvert les cachés, j'ai montré les masqués, j'ai déployé les repliés, j'ai lancé le fiel de mon amertume, j'ai trahi ma complicité avec le mal, j'ai exprimé le pus accumulé dans ma plaie, j'ai révélé le fond de mes offenses, j'ai rejeté la couverture du mensonge, j'ai relevé le voile qui cachait ma laideur, j'ai ôté le vêtement qui couvrait ma honte, j'ai exposé mes abominations, j'ai vomi la lie de la mort, j'ai ouvert les abcès des morsures de mon âme, à toi, mon Pontife, ô Christ ! »

Grégoire de Naregh compliqua, raffina, enrichit la langue arménienne, il en fit un instrument infiniment souple et d'une richesse d'accords illimitée. Dans son style magnifiquement ouvragé, il unit à un degré supérieur, l'éclat et la bizarrerie des littératures orientales à l'art intérieur et affiné de l'Occident. Il fut la plus grande manifestation du lyrisme arménien.

Le reste des ouvrages qui forment l'ensemble de la littérature ancienne d'Arménie, se compose uniquement de chroniques historiques. Et par là, cette littérature est la plus riche parmi toutes celles d'Orient. L'Arménien, très pratique au fond, a aimé conserver minutieusement le souvenir des événements qui se sont produits dans son pays. Et cette immense bibliothèque historique est toute précieuse pour les renseignements qu'elle contient, non seulement sur les Arméniens, mais sur tous les peuples orientaux qui ont passé par l'Arménie, sur quelques parties de l'histoire de Byzance et sur les guerres des Croisades.

La plupart de ces chroniques sont consacrées à raconter tout ce que les Arméniens ont souffert sous les invasions des races païennes et musulmanes. Un livre se distingue dans la sombre série, par l'accent de grandeur tragique de sa lamentation ; c'est la chronique du Vartabed Arisdaguès de Lasdiverde, qui a décrit, dans des pages grouillantes de détails horribles, les grandes invasions des Turcmènes, des Tartares et des Persans en Arménie ; il a raconté les massacres anciens, qui ne diffèrent en rien de ceux qui eurent lieu il y a deux ans, les incendies, les pillages, les égorgements de femmes, les écrasements d'enfants ; et il a peint la misère du pays en ce temps dans une image touchante où il montre l'Arménie « toute nue, gisante aux bornes des chemins, piétinée par toutes les nations, bannie de sa maison, esclave et prisonnière de toutes les nations ». Mais on trouve aussi dans ces chroniques, le récit des efforts que le peuple arménien dut déployer pour se conserver. Et si les hymnes, les méditations et les sermons révèlent la puissance lyrique de l'esprit arménien, ces chroniques, malgré leur manque d'esthétique, présentent un intérêt d'ordre moral et historique, autrement important ; avec les quelques chefs-d'œuvre historiques des premiers siècles, elles peignent le caractère de la race à travers le tragique roman des luttes perpétuelles.

III

LA LITTÉRATURE MODERNE DES ARMÉNIENS ET LA QUESTION ARMÉNIENNE

A partir du xve siècle, où le peuple arménien perdit définitivement la dernière parcelle d'indépendance qu'il avait encore en Cilicie, les Arméniens, éparpillés dans le vaste pays qui fut partagé entre la Perse et la Turquie, et dont une partie devait passer plus tard sous la domination russe, furent plongés dans un profond anéantissement moral et intellectuel. Les pouvoirs musulmans, défendant aux chrétiens d'entrer dans l'armée, ils perdirent l'usage des armes et sentirent peu à peu leurs énergies s'amollir. La religiosité chrétienne, dont ils étaient imprégnés, et qui avait été pendant les jours de lutte une force stimulante, les habitua maintenant à une douloureuse résignation. Et, à part dans quelques districts montagneux comme les régions de Sassoun et de Zeïtoun où la race conserva toujours ses qualités guerrières, les Arméniens adoptèrent, surtout en Turquie où le joug était le plus lourd, et le milieu le plus abêtissant, une condition de peuple travailleur et soumis. C'est une triste période d'esclavage presque complet. Et ce fut un phénomène émouvant que le réveil subit et fiévreux de ce peuple après trois siècles de léthargique affaissement.

Ce n'était qu'un sommeil. La liberté politique perdue, la force militaire annulée, il restait encore une force : c'était l'Église. Elle avait gardé sa puissance et son charme ; les souvenirs du passé y restaient attachés, des noms glorieux résonnaient et la langue des ancêtres y déroulait sa pourpre sonore dans la majesté des hymnes. Elle fut le lien sacré unissant les Arméniens épars dans leurs pays et dans le monde entier ; le peuple la conserva avec amour, accepta la souffrance pour elle, malgré les tentations de confort et de puissance que lui offrait la conversion à l'islamisme. Et elle fut aussi le refuge de la vie intellectuelle de la nation. Au fond des couvents dormaient les manuscrits antiques, lourds des souvenirs du passé et de la pensée de jadis, attendant les mains chercheuses et portant dans leurs pages jaunies les germes de la résurrection.

Ce fut un moine de Sivas qui commença cette œuvre. Il s'appelait Mekhitar, et ce nom fait époque dans l'histoire moderne de l'Arménie. Il avait compris que seul un mouvement intellectuel pouvait relever la nation de sa déchéance morale ; et comme il était impossible de fonder un foyer de renaissance en Turquie où dominait un régime tyrannique, il résolut de l'établir en Europe, d'où il rayonnerait non seulement sur les Arméniens d'Arménie, mais sur tous ceux du monde entier. Il se rendit en Italie, emportant avec lui un gros bagage de manuscrits, et il fonda le Couvent mékhitariste de Venise.

Peu d'institutions ont rendu à un peuple des services aussi efficaces. Le couvent fut une imprimerie, une école et une académie. De tous côtés, de jeunes Arméniens allèrent se grouper autour de ce nouveau centre. Un grand travail de fouilles et d'études commença. La communauté entreprit de déchiffrer les manuscrits, découvrit des noms, fixa des dates, retrouva une histoire et une littérature. Elle se mit à imprimer la série des classiques arméniens et à les répandre, accompagnés d'études critiques, dans toute la nation.

Tout en faisant connaître au peuple arménien

les trésors de son passé, l'académie de Venise rendait un service autrement important à la nation. Par des traductions d'ouvrages arméniens et par des études, elle fit connaître l'Arménie à l'Europe ; et c'est à elle que nous devons l'apparition des arménistes européens qui apportèrent les lumières de la science occidentale dans l'étude de la langue et de l'histoire d'Arménie. Elle eut des membres célèbres et des hôtes illustres : lord Byron, avant de penser à mourir pour la Grèce, eut la fantaisie de passer une année dans le couvent de Venise pour apprendre l'arménien et pour causer d'Arménie avec les moines mékhitaristes.

Mais le service le plus important que l'académie de Venise rendit au peuple arménien, ce fut de réparer la faute grave que les anciens écrivains d'Arménie avaient de tout temps commise en se limitant dans le cadre d'une littérature ecclésiastique. Les mékhitaristes voulurent élargir la sphère de la littérature arménienne. Sur ce sol de l'Italie, tout imprégné d'art et de souvenirs historiques, ils avaient compris la grande force morale qui existe dans la poésie laïque, dans l'art libre, dans l'expression du beau sous toutes ses formes. Ils se mirent à traduire les poèmes d'Homère, de Virgile, de Milton, les livres d'Hérodote, de Thucydide, de Xénophon, de Plutarque, de Démosthène, de Tacite et des œuvres de Byron, de Schiller, d'Alfieri, de Corneille, de Racine, de Dante et du Tasse. Cette poésie mâle, toute d'héroïsme et de beauté, révéla à la jeune génération qui s'y initia, la grandeur de l'énergie humaine et le charme supérieur des conceptions esthétiques.

Un des plus illustres d'entre les mékhitaristes, le père Tchamtchian composa, d'après les documents, une grande et complète histoire d'Arménie. Le moine Arsène Pakradouni, après avoir traduit Homère, Virgile, Sophocle et Milton, voulut doter la littérature arménienne d'une épopée nationale, et il écrivit le poème épique du *Haïg*, où, avec des imitations des grandes épopées classiques, il chanta en un langage pompeux le combat du Père de l'Arménie contre le premier Tyran. Un poète plus personnel, le père Léonce Alichan, célébra en prose chaude et en vers vibrants les souvenirs héroïques et les légendes épiques de l'histoire arménienne, et publia quelques vastes études topographiques et historiques sur les principales provinces d'Arménie.

Le mouvement s'élargit. Une partie des mékhitaristes allèrent s'établir à Vienne, où fut fondé un second couvent qui devint un autre foyer d'études arméniennes, plus spécialement consacrées à la critique scientifique de la langue et de l'histoire nationales. Les élèves qui sortirent du collège mékhitariste de Venise allèrent à Constantinople et y créèrent une grande activité intellectuelle et nationale. C'était, en Europe, le temps du romantisme triomphant ; et tous ces jeunes gens, porteurs de la pensée occidentale, étaient enflammés d'un enthousiasme exubérant pour les idées belles et généreuses. C'était aussi le moment où le trône de Stamboul étant occupé par des Sultans bons et indolents, il n'existait pas de censure, et il y avait presque une pleine liberté d'action pour ceux qui voulaient prêcher la bonne parole au peuple arménien.

La population arménienne de Constantinople, qui représentait la partie intellectuellement la plus développée des Arméniens de Turquie, était déjà prête à recevoir cette grande éducation esthétique et nationale. Pendant ces trois siècles de ténèbres et de servitude, l'Arménien, à Constantinople et même dans les provinces, quoique écrasé et méprisé par la race dominante, avait réussi à se faire une situation dans l'empire ; il avait pris en mains le commerce, les finances, et ce qu'il y a eu d'industrie en Turquie, et surtout il avait été le principal élément qui mit un peu d'art et de poésie dans cet édifice exclusivement guerrier que fut l'empire ottoman : l'Arménien a été chanteur public et musicien ; il a fourni les plus illustres des *hanendés* de la Turquie, et c'est lui qui a presque créé ce qu'on appelle la musique turque ; il a été acteur, et avant de représenter les pièces arméniennes, il a longtemps joué la farce turque ; il a été architecte et ouvrier d'art : les principaux palais et mosquées de Constantinople ont été projetés par des architectes arméniens et construits par des ouvriers arméniens. Cette population travailleuse, amie des arts et de la poésie, était donc bien préparée à recevoir une culture consciente et large. Il ne lui manquait que le sentiment d'indépendance et une plus libre conception de la vie.

Le mouvement que firent naître les jeunes gens arrivant d'Europe réveilla la fierté dans l'âme assoupie du peuple. La littérature nationale qui se développait lui réforma l'esprit et le caractère. Et ce mouvement fut d'autant plus rapidement propagé dans le peuple que les initiateurs commençaient à employer comme langue littéraire l'arménien moderne, au lieu de l'arménien ancien qui avait été usité jusque-là. Un ancien élève mékhitariste, Dzérents, composa des romans tirés de l'histoire ancienne d'Arménie, et pleins d'un esprit critique sain et hardi qui ouvrait déjà des perspectives nouvelles aux yeux de la nation. Un ancien mékhitariste, l'archevêque Khorène Narbey, qui, pendant son long séjour à Paris, eut l'honneur d'être l'ami d'Hugo et de Lamartine, traduisit les *Harmonies poétiques*, publia plusieurs volumes de poésies lyriques vibrants d'un patriotisme exalté. Béchiktachlian, ancien élève de Venise, homme de lettres d'une vaste érudition et d'un goût affiné par de longues études de toutes les littératures, produisit une œuvre poétique d'une profonde délicatesse de forme et de sentiment. Tersian fit résonner une lyre à plusieurs cordes dans des poésies d'inspiration orientale et de forme de plus en plus moderne. Un jeune poète de Constantinople, Tourian, dont le nom devint populaire parmi les Arméniens, fit vibrer une corde de douleur dans une poésie phtisique. En même temps que la poésie lyrique, une littérature dramatique commença à se développer; les mêmes poètes fondèrent, à Constantinople, un théâtre national où ils firent représenter des traductions de drames de Shakespeare, de Schiller, de Dumas, d'Hugo, d'Alfieri, de Corneille, et des pièces originales retraçant les grandes époques de l'histoire d'Arménie, composées selon les formules classiques et romantiques. Le peuple encouragea avec un grand enthousiasme ce mouvement dramatique qui non seulement lui apportait une puissante éducation morale, mais qui l'initiait aussi à une vie artistique et intellectuelle. Il y eut quelques acteurs de grand talent, et quelques peintres et musiciens d'une réelle originalité.

A la même époque, un groupe de penseurs, élevés pour la plupart en France, nourris des idées généreuses du romantisme, avait déjà entrepris l'éducation morale et civique du peuple arménien. Ce groupe, où se distinguèrent Osganian, Roussignan, Odian, Dzérents et d'autres, se composait d'hommes à l'âme ardente, altérés de justice, amoureux de liberté. Quelques-uns d'eux avaient combattu ici, à Paris, avec les révolutionnaires de 48; et ils emportaient là-bas, sur les rives serviles du Bosphore, l'âme de la rue de Paris. Ils furent des remueurs d'idées et des frondeurs. Ils renversèrent les mœurs mi-féodales qui régnaient encore parmi les Arméniens; ils détruisirent la domination des *Amiras*, des notables et des ecclésiastiques, et fondèrent la constitution arménienne selon les principes libéraux qu'ils avaient appris en France. Ils donnèrent au peuple la conscience de sa signification et de sa force, et l'assemblée nationale qui fut constituée produisit quelques orateurs éloquents.

Ce mouvement libéral prit du terrain de plus en plus; malgré un milieu pourri d'orientalisme, l'européanisation de l'esprit arménien se fit avec une étonnante rapidité. La littérature suivit pas à pas les phases esthétiques et intellectuelles de l'Europe.

A Smyrne, un groupe d'écrivains, parmi lesquels se distingua Mamourian, cultivèrent la critique historique, la chronique, le roman; ils traduisirent les œuvres d'Hugo, de Lamartine, d'Eugène Sue, de Dumas père et fils, de Walter Scott, de Gœthe, de Byron. Parmi ces publications, celle des *Misérables*, de Victor Hugo, exerça sur le peuple arménien une influence supérieurement édifiante, et celle du *Juif-Errant*, d'Eugène Sue, ébranla fortement la domination ecclésiastique parmi les Arméniens. Une presse libre et batailleuse était née, qui comptait, surtout à Constantinople, quelques publicistes belliqueux. Tous les genres littéraires furent cultivés; Odian, qui fut l'un des promoteurs du mouvement national arménien, écrivit des pages d'une élévation de pensée et d'une noblesse de style remarquables; Baronian, esprit mordant, élève de Lucien, d'Aristophane et de Molière, produisit une œuvre très originale de satiriste et de pamphlétaire; Démirdjibachian, esprit trempé à l'école de Léopardi, de Schopenhauër et de Baudelaire, apporta dans la littérature arménienne des préoccupations philosophiques et la maladie du stylisme. Il y eut quelques orateurs brillants, comme Bérbérian et Tchéraz, et de grands érudits, comme Karakachian et le vartabed Élisée Tourian, qui s'occupèrent de la critique scientifique de l'histoire d'Arménie. On commença à s'intéresser à des questions sociales. Une femme de lettres, Mme Dussap, publia des romans à la George Sand, où elle prêchait l'émancipation de la femme. Un homme à l'esprit révolté, ennemi de toutes conventions et de tous préjugés, Arpiar Arpiarian, développa, avec une large intensité cette littérature sociale; il fut un peintre de mœurs plein d'émotion et d'humour, un critique cinglant, et un des grands affranchisseurs de l'esprit arménien.

Cette activité intellectuelle avait amené la fondation de quelques écoles d'instruction secondaire à Constantinople et une réforme générale dans le système scolaire. Un groupe de professeurs et de journalistes formèrent une société pour propager l'instruction dans les provinces arméniennes. Un grand nombre d'écoles furent fondées dans toutes les villes d'Arménie.

La province avait eu déjà son travail intérieur, lent et latent, mais en marche continuelle. Elle avait produit des poètes et quelques grands orateurs ecclésiastiques ; elle avait donné la grande figure de Khrimian, le catholicos actuel, dont la voix sonna par toute l'Arménie un tocsin de réveil et qui publia des ouvrages descriptifs et poétiques sur le pays arménien qu'il connaissait à fond ; elle avait aussi produit l'évêque Sirvantzdiants qui entreprit l'œuvre importante de recueillir les légendes et les chansons populaires des provinces arméniennes ; elle avait même eu quelques petits centres de lettres, comme le couvent pontifical d'Etchmiadsinn, le couvent de Varak à Van et le couvent de Saint-Jacques à Jérusalem, qui avaient publié des livres historiques, littéraires et religieux. Et puis, la population arménienne des provinces avait une autre force conservatrice de virilité morale et de vitalité poétique ; sous le lourd manteau du mysticisme, le peuple avait cultivé secrètement des germes de vie saine et franche ; de tout temps, sous le règne triomphant de l'ancienne littérature d'église, et même pendant la nuit intellectuelle des trois siècles de déchéance, la chanson populaire avait existé. Les chanteurs publics, les *achough*, continuaient dans l'ombre l'œuvre des vieux poètes païens. Ces gens de lyre et de rue avaient conservé la fleur de la vie sous la rose mystique. Ils avaient chanté l'amour, ils avaient exalté la chair, ils avaient célébré la beauté des fleurs et la douceur du vin, ils avaient magnifié la vaillance et la force. Dans leurs humbles chansons palpitaient des héroïsmes obscurs, et des figures de chevaliers inconnus y passaient dans un décor tout populaire. L'Arménien de Zeïtoun, éternel guerrier, avait chanté des chansons de chasse et de bataille ; et celui de Sassoun, de race chevaleresque, avait créé le mythe du héros Mher, le merveilleux combattant qui, après avoir toute sa vie défendu son pays contre les monstres et les races ennemies, s'engloutit dans la terre par un ordre divin et qui restait là, éternellement vivant, attendant le moment prédestiné pour sortir et sauver son peuple. Des bribes de liberté subsistaient donc toujours dans l'âme assoupie du peuple ; et comme un acier qu'on aurait brutalement recourbé, ce peuple, qui avait conservé sous toutes les pressions son âme résistante et affamée de liberté, se releva au premier souffle de l'esprit d'émancipation. C'est avec un enthousiasme éperdu que la province arménienne reçut le nouvel et puissant apport de civilisation envoyé par l'élite pensante de la colonie de Constantinople. Une jeunesse commença à se former, avec une éducation morale nettement différente de celle des vieilles générations. Elle connaissait mieux le passé de l'Arménie, et elle avait une idée des principes libéraux du monde moderne. Elle se sentit intelligente, capable d'une vie supérieure et libre ; et elle éprouva d'une façon consciente la souffrance de se voir garrottée dans son élan vers la vie par un gouvernement barbare et par des races inférieures, parasites et pillardes. Elle voulut vivre et se développer en toute liberté. Elle protesta contre l'injustice du gouvernement qui l'opprimait et l'exploitait, et contre la sanglante tyrannie du Kurde. Sa plainte arriva jusqu'à Constantinople. Et comme l'Europe s'était déjà occupée du sort d'autres populations chrétiennes souffrant par le même joug, les Arméniens de Constantinople eurent l'idée de présenter à l'Europe les doléances de leurs compatriotes d'Arménie. Le patriarche Nersès envoya une délégation au Congrès de Berlin. Ce fut la genèse de la « question arménienne ». L'Europe promit au Congrès de Berlin d'imposer au gouvernement turc de garantir la sécurité des Arméniens de Turquie. La promesse resta lettre morte. Le gouvernement turc n'exécuta aucune réforme; bien au contraire, irrité de l'audace des Arméniens de s'être adressés à l'Europe, il augmenta les persécutions. Et voici que sur le trône de Stamboul monta le carnassier malade dont l'impériale folie devait déchaîner sur l'Arménie un épouvantable déluge de sang. Le régime de tortures commença. Hamid avait vu un danger dans le réveil des Arméniens ; il avait compris que ce réveil était le résultat du mouvement intellectuel. Il voulut couper le mal à la racine. Sur ses ordres, les représentations théâtrales arméniennes furent interdites, l'enseignement de l'histoire d'Arménie fut rigoureusement défendu, une censure inquisitoriale entrava la presse et la littérature, les fêtes, les conférences, les réunions furent interdites. Après le libre élan pris par l'esprit arménien, ce fut un étouffement brutal. A la pression morale s'ajouta une pression politique de plus en plus grande. On emprisonna des gens pour avoir trouvé chez eux une chanson nationale quelconque, de celles qu'on chantait la veille dans les rues. En province, les persécutions augmentèrent. Hamid encouragea les Kurdes à massacrer et à piller les Arméniens ; il les arma officiellement et en forma les régiments de cavalerie Hamidié. A peine sorti d'un long engourdissement, dans son premier geste d'espoir et dans son premier élan de civilisation, le peuple arménien se trouvait tout à coup ligoté de chaînes nouvelles et plus lourdes que jamais. Mais un mouvement aussi puissamment commencé ne pouvait s'arrêter d'un seul coup ; il se transforma, il se dissimula ; l'esprit souple de l'Arménien trouva le moyen de s'exprimer sous les entraves ; et s'il y perdit en force et en éclat, il y gagna en profondeur et en finesse ; à la littérature ardemment patriotique et ouvertement libérale succéda une littérature discrète, plus savamment écrite, roulant sur des questions d'humanité générale et tendant à un idéal d'art. Cette dernière période littéraire a subi la puissante influence de l'école naturaliste française et des romanciers russes, puis de la presse de Paris et de la poésie moderne de la France. Il y eut des publicistes vigoureux comme Arparian et Schahnazar, des romanciers et des nouvellistes d'une saveur locale et d'une originalité personnelle comme Pachalian, Zohrab, Sevadjian, Hrant, et quelques poètes. Une presse très informée rendait régulièrement compte du mouvement littéraire, dramatique, artistique et social de l'Europe et en particulier de la France. Plusieurs des écrivains modernes furent traduits. Cela marchait à travers des périls et des obstacles grotesques et tyranniques. La censure interdisait des mots, des sujets, des genres ; elle finit par *interdire de faire des vers*... Et c'est un phénomène presque anormal que malgré toutes ces entraves et tous ces écrasements, les Arméniens aient pu produire la seule chose qui, avec quelques pages écrites par des écrivains grecs modernes, puisse passer pour de la vraie littérature dans cet immense empire d'Orient qui n'en a eu aucune depuis l'arrivée des Turcs.

Parallèlement à la marche de la littérature des Arméniens de Turquie, une autre littérature s'était développée parmi les Arméniens de Russie. La première avait réveillé dans le peuple le sentiment national; la seconde fut plus décisive, alla droit au but, elle poussa le peuple à la révolte. L'influence des idées du roman russe et de la littérature sociale allemande, les conditions favorables du milieu au libre développement des facultés littéraires, contribuèrent à la formation de cette littérature hardie. Dès 1840, Abovian montra dans un roman d'un douloureux réalisme *(les Plaies de l'Arménie)*, les souffrances du peuple arménien et rêva déjà la secousse salutaire. Nalbandian étala aux yeux du peuple, la misère et la honte de sa situation, lui fit appel de se défendre : il chanta la grande chanson de la liberté, que toute la nation entonna :

> Que sur ma tête grondent
> La foudre, le feu et le fer !
> Que l'ennemi me tende des pièges !
> Jusqu'à la mort, jusqu'au gibet,
> Jusqu'à l'infâme pilier de mort,
> Je crierai, je tonnerai
> Toujours : Liberté !

Et tandis que le poète Aghaïan, le romancier de mœurs Brochiants, les hommes d'études Kéropé Patkanian et Emine produisaient des œuvres de littérature nationale ou de critiques scientifiques, tandis que le grand semeur d'idées Ardsrouni répandait dans toute la nation, par l'organe de son journal *Mchak*, des idées d'un esprit sain, solide et réformateur, deux écrivains parurent qui continuèrent et achevèrent l'œuvre de Nalbandian ; c'étaient le chansonnier Kamar-Katiba et le romancier Raffi. Ils furent des révolutionnaires en littérature. Kamar-Katiba secoua l'âme du peuple par ses chansons où il le poussait à se préparer à la défense contre les attaques, à répondre aux brigands par la force brutale, à se sauver lui-même, au lieu d'attendre l'Europe qui est trop loin et Dieu qui est trop haut. Raffi alla jusqu'au bout ; il dévoila dans ses romans les plaies intérieures du peuple, ses faiblesses, ses naïvetés, son inertie, et ce mortel esprit de résignation que des siècles de psalmodie chrétienne avaient enraciné dans son âme. Il eut l'audace de s'élever contre cet esprit néfaste, contre ceux qui l'avaient nourri, contre les ancêtres, contre les écrivains d'église. Le farouche ex-prêtre devenu bandit de son roman de *Djélaleddinn*, criait au fond du couvent pillé par les Kurdes :

« O pères, ô aïeux, je ne bénis pas votre

souvenir. Si au lieu de ces couvents qui abondent dans notre pays, vous aviez construit des forteresses, si au lieu des croix et des vases sacrés, vous aviez acheté des armes, si à l'encens qui parfume nos églises, vous aviez préféré la fumée de la poudre, notre pays serait heureux maintenant.

« ...Je ne bénis pas votre souvenir, ô lettres et écritures, parce que vous ne nous avez pas donné ce qu'exige la vie, ce que demande le monde. Vous avez rempli nos cerveaux de vaines et abstraites chimères... Vous avez fait de nous des cadavres où tout sentiment noble et élevé est mort. Vous avez renforcé nos chaînes et vous nous avez habitués au joug lourd et déshonorant de la tyrannie. » Certes, Raffi était injuste à condamner l'Église arménienne et sa littérature avec cette absolue dureté. Il négligeait trop le rôle que cette Église avait joué dans l'œuvre de la conservation de la race et de sa modernisation ; il ne voyait pas assez que si cette littérature d'âme avait contribué à affaiblir les qualités guerrières de ce peuple, elle lui avait rendu le grand service de lui raffiner l'intellectualité, de la rendre apte à comprendre le monde occidental. Mais Raffi n'était pas un savant ; il était un révolutionnaire; il fut partial et fort. Il ne vit que le triste résultat d'une longue et complexe suite de causes et il se dressa sans pitié contre le sentiment religieux, parce qu'il y trouvait la grande cause de la résignation du peuple. Il voulut détruire de fond en comble la vieille bâtisse de l'âme arménienne pour la reconstruire sur de nouvelles et libres assises.

Un grand souffle d'indignation passait dans son œuvre. Avec une brutalité et avec une franchise extrêmes, Raffi disait à son peuple : « Tu es intelligent, tu es travailleur ; et toutes ces races qui te dominent et te torturent vivent de ton travail; c'est toi qui es le plus fort; tu es destiné à devenir une nation civilisée, comme tu l'as été dans le temps jadis. Assez de patience, assez de prière! apprends d'abord à te défendre, acquiers tes droits d'homme, lève-toi contre la tyrannie et contre la sauvagerie, et tu auras la vie que tu mérites. » Et Raffi montrait, avec une cruelle netteté, le chemin sanglant du salut.

Le peuple écouta la voix rouge et la suivit. Du milieu de la masse résignée une jeunesse ardente se leva. Des comités se formèrent, pour préparer l'œuvre de la défense, pour rétablir la justice. La résistance commença à se dessiner dans le peuple. Des bandes de révoltés répondirent par les armes aux hordes brigandes des Kurdes ; des manifestations eurent lieu. Et comme le Sultan se rendit compte que les arrestations, les tortures en prison, les étranglements et toutes les mesures de rigueur ne pouvaient réprimer le mouvement qui grandissait, au lieu de rendre justice à un peuple qui demandait le droit de vivre et dont la prospérité aurait consolidé le salut de l'Empire, résolut de le dompter par le moyen cher à la diplomatie turque, par le massacre ; ses soldats, ses Kurdes, ses Circassiens exécutèrent le projet avec une effrayante perfection.

Je ne m'appesantirai pas, — je n'en ai ni le temps ni le courage, — sur les détails des massacres. Ils sont d'une horreur et d'une ignominie au-dessus de toute imagination. Et d'ailleurs, vous les connaissez trop. Tout le monde est convaincu, aujourd'hui, — et le *Livre jaune* vient de le prouver de la façon la plus claire, — que ces massacres étaient systématiquement organisés bien avant que les Arméniens eussent soulevé un mouvement de protestation, et qu'ils furent ordonnés par le Sultan lui-même. Il se passa cette chose infâme, abjecte et lâche : parce que les Arméniens demandaient, par des requêtes au Sultan et par des délégations à l'Europe, que leurs droits d'hommes fussent respectés, et parce que, exaspérés d'avoir trop souffert, ils avaient commencé à certains endroits à répondre par la résistance armée aux attaques des hordes brigandes, le peuple turc, uni aux soldats et aux bandits kurdes et circassiens, se rua sur ceux qui l'avaient servi, qui l'avaient nourri depuis plusieurs siècles, et les égorgea, tortura, pilla sans pitié. Les Arméniens, manquant d'armes, et trop peu nombreux contre tant de forces accumulées, souvent lâchement trompés par le gouvernement et surpris à l'improviste, ne purent se défendre que là où cela était humainement possible. Ceux qui firent la propagande en faveur de l'Arménie, ne tracèrent que des tableaux de massacre pour apitoyer le public; et l'on a fait aux Arméniens une triste renommée de nation massacrable. Je crois qu'on a trop oublié que cette nation qu'on assimile à un troupeau de victimes, a donné plusieurs fois dans l'histoire des preuves éclatantes de ses qualités guerrières et qu'elle fut récemment la première, parmi toutes les races assujetties de l'Empire, à oser manifester, dans la capitale même de la Turquie, contre la détestable tyrannie du Sultan. Je crois aussi qu'on prend fort peu en considération les conditions complexes qui rendent si difficile la défense aux Arméniens dans certaines provinces de la grande Arménie, et l'on ne se rappelle pas assez que si dans plusieurs villes ils furent écrasés par une masse considérablement nombreuse, ils purent soutenir victorieusement une insurrection pendant six mois à Zeïtoun, cette Crète arménienne.

Aujourd'hui, la Crète tient en haleine l'Europe tout entière. Sa magnifique résistance depuis plus d'un an attire, à juste titre, l'admiration et la sympathie des peuples d'Europe. Mais comme la sympathie des peuples d'Europe ne suffit pas à délivrer les peuples opprimés de leurs souffrances, le gouvernement hellène, poussé par un noble et ardent mouvement populaire, se décida aux plus grands sacrifices pour défendre lui-même ses frères de Crète. Je ne me permettrai pas de qualifier la conduite de l'Europe; je dirai seulement que pour mon esprit, peut-être trop simple, d'Oriental, cette Europe contemplant en toute tranquillité, malgré ses promesses et ses traités, les abominables massacres d'Arménie et menaçant aujourd'hui la Grèce parce qu'elle veut empêcher les Crétois d'être massacrés, cette Europe me paraît incompréhensible. Ce que je comprends, c'est le mépris que le Turc massacreur doit éprouver aujourd'hui pour l'Europe ; il doit prendre le Sultan pour le plus puissant monarque de la terre, devant lequel s'incline cette grande chienne d'Europe. Déjà, pendant les massacres d'Arménie, les égorgeurs disaient, avec une dédaigneuse ironie, aux Arméniens qu'ils assommaient : Va crever chez ton consul ! Ils sont encore plus fiers aujourd'hui : voici un passage tout récent d'un journal turc de Constantinople : « Quelques polissons d'agitateurs envoyés par le gouvernement grec, ont bien voulu troubler l'ordre qui régnait en Crète, grâce à Sa Majesté Très-Miséricordieuse le Sultan, mais tous les gouvernements d'Europe sont d'accord pour punir la Grèce de son ambitieuse insolence. »

Les Turcs, tout fumants encore du sang des Arméniens, se réjouissant à voir l'Europe les soutenir et les encourager, vous avouerez que c'est un spectacle désolant. Et vous comprenez comme cela doit faire aiguiser dans l'ombre les yatagans rouillés de sang, pour les massacres de demain (1).

(1) Au moment où cette conférence paraît, des dépêches

Je vous prie de m'excuser, Mesdames et Messieurs, si je m'égare en des considérations politiques dans une conférence où je m'étais proposé de ne parler que de littérature ; les événements de plus en plus brûlants qui se succèdent m'imposaient impérieusement cette digression ; je remplis presque un devoir. Je reviens donc à mon sujet et je termine.

J'ai parlé ce soir, non pas aux diplomates pour lesquels les peuples opprimés et leurs souffrances ne présentent qu'un intérêt de curiosité politique. J'ai parlé aux penseurs, aux artistes, aux poètes, à ceux qui aiment à étudier l'épanouissement de l'énergie humaine dans la psychologie spéciale de chaque nation. J'ai parlé au peuple de Paris, si artiste, si poète lui-même, et qui s'est toujours montré généreux et enthousiaste devant toute manifestation d'énergie, devant tout geste vers la liberté et la civilisation. J'ai tracé la courbe de la vie intellectuelle d'une nation qui, bien qu'ayant ses racines dans l'Orient, s'est toujours tendue, de par des penchants mystérieux, vers l'Occident, jadis vers la Grèce chrétienne, dans ce siècle vers la France libre.

annoncent que les massacres ont recommencé à Évérek et à Tokat (Arménie).

8.

J'ai tâché de montrer que le peuple dont les malheurs retentissants ont attiré l'attention compatissante de l'Europe, est autrement intéressant que par ses malheurs. J'ai essayé de faire voir que ce peuple, placé par les Destins entre l'Orient et l'Occident, ayant l'esprit souple et assimilateur, pourrait, dans un avenir meilleur, devenir un ferment de civilisation européenne en Asie-Mineure. Je serais heureux si ceux qui s'intéressent aux opprimés voulaient bien voir dans les massacres d'Arménie quelque chose de plus qu'un monstrueux entassement de cadavres; j'aurais voulu qu'on y vît surtout l'écrasement d'une race capable de vie intellectuelle par un pouvoir destructeur de toute civilisation ; j'aurais désiré qu'on prît en considération le fait que, si l'on a tué des hommes, éventré des femmes, dépecé des enfants, on a voulu aussi anéantir la Pensée, on a brûlé des écoles, renversé les architectures vénérables des églises et des couvents, et détruit des manuscrits où vivait depuis des siècles l'âme d'une race.

M. ANATOLE FRANCE :

Mesdames et Messieurs,

Je suis l'interprète de vos sentiments en remerciant M. Archag Tchobanian de nous avoir fait connaître la pensée arménienne à travers les âges et en applaudissant sa généreuse et savante éloquence.

Monsieur,

Le sang des martyrs n'aura pas crié en vain. Une force est avec vous, dispersée, mais puissante, la sympathie des cœurs généreux et des nobles esprits. Les conseils des gouvernements, les volontés laborieuses des Puissances sont enveloppés d'une ombre que nous ne saurions percer. Sans jeter de vaines paroles sur ces hautes ténèbres, nous dirons seulement que le jour où la France, trop punie de ses fautes, cessa d'être la conseillère écoutée de l'Europe, ce jour-là, la justice et l'humanité durent pleurer.

Beauvais. — Imprimerie Professionnelle

www.ingramcontent.com/pod-product-compliance
Lightning Source LLC
LaVergne TN
LVHW050650090426
835512LV00007B/1139